JN438486

김쓸생

김 쓸 생

김민홍 제5시집

신아출판사

책머리에

세상은 어딜 가도 세상이라고
난 첫 시집에 썼고
여기저기 세상만 기웃거렸다.
하지만 모퉁이를 돌아들면
늘 당신의 뒷모습이 보였다.

당신은 어디에도 없고
어디에나 있다고
난 두 번째 시집에 썼고
여전히 세상만 기웃거렸다.
다시 모퉁이를 돌아
당신을 보니 부질없구나.

부질없다고
난 세 번째 시집에 썼지만
네 번째 시집에도 썼다.
시방 나는 다섯 번째 시집 모퉁이에서
손이 흐려지고
머리칼 몇 안 남은 내 초상만 보인다고
적고 있다.

2015년 가을 북한산에서

차 례

제2부 김쓸생

제 3 부 예루살렘 수첩

제 4 부 흑백사진

제5부 낡은 집

제6부 서랍

제7부 난 재즈가 좋아

제8부 양수리 안개

제9부 전원이 꺼져 있습니다

제 1 부

바람으로 가는 기차

바람으로 가는 기차

햇살 좋은 날
기차는
아침 열 시, 바람을 가득 싣고
열 시 이십 분에 떠난다

수없이 반송된
기쁨 혹은 슬픔의 기억들은
슬그머니 내려놓고

햇살 좋은 아침
나는 기차에 오를 것이다

바람으로 가는 기차

바람시편

읽은 것이 바람뿐인 사내는
오늘도 바람만 맞고 돌아왔다
평생 바람의 일만 하던 사내
커피를 마셔도 바람 소리만 듣는다
내일도 바람 맞으러 출근하고
바람을 등에 지고 퇴근할 것이다
휴일엔 바람 잡으러 낚시를 가거나
바람 자전거를 탈 것이다

사내의 세상은 온통
바람으로 지어졌기 때문이다

이십 분

당신과 눈 맞출 시간은
단 이십 분
이십 분 후엔 기차를 타야 한다
이번에 놓치면
백년을 기다려야 하는 기차
당신과 함께 할 수 있는
이십 분 동안
우린 아이를 만들고
아이와 당신을 두고 난
기차를 타야 한다

우리의 아이의 아이가
백년 뒤
이 기차를 타게 될 것이다

지고이네르바이젠Zigeunerweisen*

언제 어디에서나 춤을 추지
나의 노래는 아름답지만
은밀히 슬픔을 감춘 적포도주 같은 것

발길 닿는 곳이 나의 집
국적과 국경 따위는 난 모르지

나는 불의 혀
그대들의 어두운 경멸을 핥으며 타오른다네

다만, 어디에도
오래 머물 수 없을 뿐!

---

*지고이네르바이젠 : 사라사테가 1878년에 작곡한 곡. 독일어로 집시의 노래(Zigeunerweisen op. 20)라는 뜻.

그녀라는 이름의 역

그녀는 거기 있고
나는 여기 있다
그녀와 나 사이엔 강이나 들판이나
산 따위는 없다

그녀는 다만 거기 있고
나는 항상 여기 있다
그녀와 나 사이에 바람이 불거나
비가 내리거나
서로 다른 언어를 쓰진 않는다

하지만
그녀라는 이름의 역은
개찰할 수 없다
그녀라는 이름의 역엔
기차가 오지 않기 때문이다

전에 딱 한 번 백년 만에 기차가 왔고

나는 서른 살이었지만
우물쭈물 기차를 놓쳤다

그녀라는 이름의 역
동쪽 창으로 해가 뜨면
새삼 세상이 어지럽다
그녀는 눈부시다고 말하지만

그녀라는 이름의 역
서쪽 낮은 능선 위로 노을이 지면
여전히 세상이 혼란스럽다
그녀는 아름답다고 말하지만

세상엔 단지, 그녀라는 이름의
아름다운 역이 있고
나는 그 역을 개찰할 수 없다

광대

그는 흘러가지 못했다.
밀려났을 뿐.
밀리고 밀리다 결국 그가 당도할 곳은
어렴풋이 보이는 저 산 모롱이
앞은 바다일 것이다.
평생 그리워해 온 당신일 것이다.
바람의 핏줄을 타고난 그
그의 아비도 떠돌았고
그의 어미도 떠돌았다.
떠도는 게 싫어 세상과
살림 한번 차려보면
비만 내리거나 바람만 불고
온몸에 숭숭 풍風이 들었다.
그의 직업은 떠돌이
헤매는 게 일이다.
그가 밟는 곳 마다
다신 풀잎도 돋지 않았다.
그의 이름은 광대

우리가 애써 외면하는
우리의 내부에 사는
폐허다.

그곳이 어디냐고?

바람을 빗질하며
새들이 날아오르는 곳
갈대숲 무장무장 펼쳐 있고
몇 걸음 늪 쪽으로 들어서면
군데군데 새알이 놓여 있는 곳
부근에 출사出寫객을 위한
허름한 돼지국밥집이 있다
늙은 주인 여자가 있다
핏줄 하나 남기지 않은 채
육군하사 남편은 서른도 못 채우고
월남 가서 죽었다
평생 바라본 새가
한 번도 질려본 적이 없지만
새 사진 한 장 박아보지 못했다
백년 된 가마솥 하나와
뚝배기 몇 개가 전부인
허접한 국밥집
죽은 과부 시어머니가 물려준

지상권만 있을 뿐
땅은 면 소유의 하천 부지
물려받을 사람이 없으므로
여자가 죽으면 헐릴 것이다

그곳이 어디냐고?
어디에나 있고 어디에도 없다

아무래도 봄이 올 모양이다

기차가 그를 밟고 지나갔다
차도에는 차들이 질주하고 있었고
인도에는 버림받은 개들이 배회하고 있었다.

토막 난 그의 옆구리에서
장난감 같은 작은 기차들이 들락거렸다

'기차나 버스를 타고 다니지 그랬니!'

혼자 조용히 장례를 치르고
하직했다.

아무래도 봄이 올 모양이다.

최종병기 활*

내 속엔 바람이 산다.
비에 흠뻑 젖은
그대를 흔들어 말리고 싶은.

내 속엔 간절함이 산다.
간절함?
약간 과장되긴 했지만
과장도 나의 일부.

그대가 내게 어떤 일을 저질렀는지
그대는 끝내 모를 것이다.
끝내 모른다?
약간 단정적이긴 하지만
단정은 나의 최후의 무기.
한 번도 화살을 쟁여 본 적 없는

최종 병기 활.

---

*한국 영화 제목.

제 2 부

김쓸생

김쓸생

그녀가 내게 준 별명은
김쓸생이지
쓸데없는 생각만 골라 하는 김씨
부가가치가 없는 인물이라는 말로 들렸지

시인이란 원래 이상한 생각을 하고
이상한 말하기에 익숙한 법이라고
이승훈 교수*의 시론집에도 적혀있다고
대꾸하진 않았지

그는 내게 이젠 시 따위는 그만 쓰라고 했지
너무 생각이 많으면 사는 일에 지친다고

시가 생각한다고 써지고
시를 쓰지 않는다고
사는 일에 지치지 않는 건 아니라고
대답하진 않았지

그녀가 내게 준 별명은
김쓸생, 나를 아는 모든
사람들은 그녀의 말에 동의했지

별로 쓸모없는 인간이란 말은
유쾌한 말은 아니야
하지만 불쾌하게 들리지 않는 이유를
굳이 설명하진 않았지

---

*이승훈 : 시인, 문학평론가. 한양대 명예교수.

그 방

열쇠가 잘 맞지 않아서
한참을 흔들어야 열리는 방
마구 흔들다 보면
저절로 열리기도 하는 방
삐걱거리며 푸른빛이 새어나오는 방
낡은 책상에 고개 숙여 시를 쓰고 있던
당신의 푸른 방
간혹 사람들이 슬그머니 들어왔다가
기겁을 하고 도망가는 방
도망가는 사람들의 뒷모습을
맹하니 쳐다보는
푸른 눈썹이 사는 방
푸른 가죽장정의 성경책과
푸른색 스탠드가 있는 방
창문을 열면
낙엽송 몇 그루 벌거벗은 채
햇살 속에 서 있고
그 방에서 새어나온 푸른 물감이

하늘을 푸르게 물들이는 방
당신이 푸른 책을 읽고
푸른 생에 대한 편지도 쓰고
백년 동안 한 번도 울리지 않은
전화기 옆
재떨이에서 푸른 담배가 타는 방

접이식 푸른 침대가 있는.

그의 시

졸음이 쏟아지는 오후, 그는 시를 쓴다. 나사가 풀린 헐거운 시 행간에는 녹슨 나사못들이 흩어져 있다. 졸음이 한 차례 지나가면 그는 삐걱거리는 척추를 굽혀 나사못들을 하나씩 주워 다시 제자리에 박는다. 너무 헐거워서 고정되지 않는다. 딱히 할 일이 없어 그는 매일 졸며 시를 쓴다. 시를 신성시하는 사람들은 무리 지어 그의 시를 혐오할지 모른다. 웃기는 일이다. 그는 다만 시를 쓸 뿐이고, 아는 언어가 한국어밖에 없기 때문에 한국어로 쓰지만, 영어로도 쓰고 싶고, 불어로도 쓰고 싶고, 아프리카어로도 쓰고 싶다. 물론 불가능한 일이다. 그의 시는 비현실적으로 긴장이 풀어져 있다. 졸리운 사람들만 그의 시를 읽는다.

내일

'내일' 이라는 이름의 도시가
수도인 개미들의 공화국에
오늘 다녀왔습니다.
'내일' 도 몇 개 주머니에 넣고
마음만 개미가 되어서 돌아왔습니다.
몸의 '내일' 은 없어 보였습니다.

돌아와 보니
주머니가 텅 비어 있었습니다.

개미

언제부터인가
개미들이 길을 넓히고
전기공사를 하고 수도를 놓고
도시를 리모델링하기 시작했다

개미가 흥미롭기 시작한 것은
목숨을 개미보다 가볍게 여기는
개미기질에 매료되고부터다

개미의 도시에는 태초부터
지하철이 있었고
영화관, 미술관, 음악당도 있지만
헬스클럽은 없었다
수천 년 전 다른 별에서 이민 온
베짱이가 노래 부르던 술집은
오래전에 폐업했다

오늘도 개미 공화국에 다녀왔다

아마 내일도 갈 것이다
하수처리 공정이 궁금하기 때문이다

까치와 까마귀

까치 한 마리를 보았네.
이른 아침, 날은 몹시 추웠고,
가까이서 본 몸통은 생각보다 커 보였네.
유리창 이쪽에서 나는 난로 앞에 앉아
찬 손을 녹이고 있었고,
유리창 저쪽 까치는 눈 속에
부리를 부비고 있었네.
사람들은 까치를 길조라고 부르고
식탁에는 올리지 않지
식품점에서도 까치 고기는 팔지 않네.

내가 만약 까치구이 집을 낸다면
사람들이 사 먹으러 올까.

까마귀 한 마리 공중을 선회하고 있었네.
까마귀는 정말 끔찍한 검정색이었네.
까마귀를 왜 흉조라고 부를까.
한 번도 까마귀가 내 식탁에 오른 적은 없지만

까 아 악
까악

내가 만약 까마귀와 까치 소리만 구워 파는 집을 낸
다면
당신이 혹시 사 먹으러 올까.

치한癡漢

어딜 가도 벽이 일어선다.
일어서서 방을 만들고
나를 가둔다.
답답해지면 창을 하나 내고
커튼을 치기도 한다.
난로와 침대 그리고
책상 하나 의자 하나 램프 하나
간혹 심심해지면
대낮에도 램프를 켜고
가만히 앉아있거나
잔다.
나의 잠도 당신에게 가서
당신의 벽이 될 것이다.

어느 날 갑자기
잠도 자지 않고 램프도 켜지 않고
커튼도 치지 않고
당신 집을 마구 두드리거나

당신의 벽을
하나씩 허물어 버릴지도 모른다.
당신은 날 치한으로 신고하겠지.

난 아무래도
세상에 가장 필요한 사람이
치한인 것만 같다.
치녀란 말은 익숙하지 않기 때문이다.

사랑합니까?

햇살만 내리쬐는 곳에 오래 서 있었습니다.
온몸의 모공을 열어
축축한 어둠을 내보냈습니다.

왜 그렇게 무모한 짓을 하냐고요?
외롭기 때문이라거나
상처가 덧나지 말라고 그랬다고도
말하진 않겠습니다.

왜 자꾸 시만 쓰냐고
고통을 즐기냐고
조롱하듯 물어준다면

불치의 사랑, 혹은,
인생이란 불치병이 들어서 그렇다고
대답하진 않겠습니다.

사랑합니까?

새벽 세 시

동해안 철조망에 앉아 있던
하얀 새들이
노크도 없이 방문한다.
작은 등대 불안하게 깜박이는 방파제에서
서성이던 새벽 세 시가
식은땀에 젖어 들어온다.

낡은 스탠드 하나 흐리게 켜져 있는
새벽 세 시의
텅
빈
방

제 3 부

예루살렘 수첩

예루살렘 수첩 2013

이스라엘 독립 전, 아인슈타인이 설립한 히브리 대학에서 7년째 히브리어를 공부한다는 미국 시민권을 소지한 한국인 여자 목사와 한국 국적의 여자 전도사는 유대교인들과 섞여 통곡의 벽에서 밤샘 기도를 드리거나 한인 교회, 영어 기독교회, 유대인 기독교회에서 예배드리는 일로 하루하루를 보내고 있었다. 생활비는 어디서 나오는지 짐작이 갔지만 확인하지 않았다.

한국에서 신학대학 졸업. 필리핀에서 목회를 하다 예루살렘으로 건너와 성지순례 가이드를 하는 남자. 현지 고등학교에 다니는 아이 둘을 두었다. 주일이면 성지 순례 관광객들과 함께 예배를 드리는 목사님. 언제까지 머물 작정이냐 묻자 비자가 연장될 때까지라고 대답했다.

서울에 남편을 두고, 뉴욕에 대학 다니는 아들을 두고, 혼자 예루살렘에 건너와 히브리어를 공부하는 여자. 유대의 땅으로 파견된 이방인 선교사. 거리에 십자가 하나도 안 보이는 구약과 신약의 거리, 예루살렘.

古代의 골목을 現代자동차가 내 사는 동네처럼 굴러다니는 곳. 외각으로 나서면 이천 년 전 예수의 나귀를 타고 출근하는 베두인을 만날 수 있는 곳. 실탄이 장전된 기관단총을 어깨에 매단 청년들이 수시로 검문하는 곳. 영화 속의 고대나 중세, 혹은 근대의 옷차림으로 당당하게 현대의 거리를 활보하는 곳. 소양호보다 작은 갈릴리를 바다로 표기하는 나라. 국토의 면적 경상남북도 합한 크기. 인구 서울시 인구의 절반을 조금 넘는 700만쯤.

아인슈타인, 스티브 잡스의 본향인 유대의 땅에 홀로 이방인으로 떠돌다 북한산 근처로 돌아왔다. 영화에 나오는 시간 여행처럼.

하느님 전 상서 6

내 속에 사는 놈,
끊임없이 세상에 배고팠던
이놈을

참아주지 마소서!

텔아비브 공항

얼마나 남았을까
예루살렘까지

절망처럼 솟아오르던
그리운 허공
뻔뻔하게 해만 내리쬐던
예수께서 맨발 터트리며 걸으셨던 길

얼마나 더 가야 하지
고단한 대형 트렁크 하나와
비만인 가죽푸대를 끌고
텔아비브 공항의 낯선 밤 버스에 올라
멀미에 시달리고 있다.

---

*텔아비브 : 이스라엘의 수도. 국제공항이 있다.

샬롬

새벽 네 시
이방의 암청색 하늘에 뜬 초승달
서정주의 시 〈동천冬天〉 속
고운 님의 눈썹처럼
무슬림 여인의 짙은 눈썹을 닮았다
초승달 같은 칼을 차고
출정하는 남편을 배웅하던
니캅* 안에서 선뜻하게 보였을
천년 전의 눈썹
손 뻗으면 담박에 손목이 잘릴 것 같은
시퍼렇게 날이 선 초승달에게
동방에서 온 늙스구레한 사내가
예루살렘에서 새벽 문안을 드렸다

샬롬!

---

*니캅(niqab) : 눈을 제외하고 모두 가리는 이슬람 여성들의 전통의상. 얼굴을 내놓고 머리를 가리는 히잡(hijab)과 구분된다.
*샬롬 : 히브리어 인사말.

통곡의 벽에서

건널 수 없는 강에 대한 묵상을 하다
메마른 눈물 몇 방울 적셨다.
낯설었다,
무너진 솔로몬의 성터
이방인으로 다가가 기도한다는 것.

예수께서 십자가를 지고 오르시다
생모生母 마리아를 만나신 곳에
오래 머물렀다.

성전의 장사꾼들에게
채찍을 드시어
생전, 유일하게 분노하시던 곳.
동대문 시장에 온 듯했다.

육신을 입고 있는 동안 건널 수 없는
한계를 묵상하다
갑자기 눈물이 터져 나왔다.

부끄럽진 않았다.

사해死海

해저 400m에 있는 지구 유일한 바다
베드로가 어부로 살던 갈릴리 호수에서 발원
요단강을 거쳐 서서히 소금에 절여져
썩지도 흐르지도 못한 것들 모두
묵묵히 승천昇天하는 곳
누우면 이까짓 육신, 지푸라기처럼 떠올리는
神의 바다

광야로 흘러들어
휴거를 기다리는 카인의 후예
혹은 광야에서 외치던 소리
세례 요한이 소리치면 바다 건너
요르단에 들릴 것 같은
사해에서 시방
동양인으론 유일하게 알몸으로 떠올랐다

사람들이 힐끗힐끗 팬티바람의 극동을 구경했다.

맥심 봉지 커피

오래된 불면
여행 중 변할 리 없다
새벽이면 혼자 숙소 로비에 나와
맹하니 앉아 있다
맥심 봉지 커피가 마시고 싶다

아침 7시 어김없이
짐을 꾸려 떠나는 사람들
어디로 가는지 난 모른다
말이 통하지 않는 그들의 뒤를
슬쩍 따라가 볼까
따라가서 아무렇지도 않게
그들과 살아 볼까
그곳에서 맥심 봉지 커피나 수입해서
팔아 볼까

기타리스트 김광석

몇 시간을 같이 앉아 있어도
통 말이 없다
말을 걸어야 겨우 한두 마디 대답하던 사내
기타리스트 김광석
유대의 황량한 땅에 차를 잠시 세우고
왜 나는 갑자기
기타리스트 김광석의 사막*이란 곡을 기억했을까

북 사해에서 시나이 반도까지
몇 시간을 달려도
통 말이 없는 광야
운전하며 혼자 소리 지르며 부르는
봄날은 간다와 동백아가씨*
삭막한 광야가 들을 리야 없겠지

아무래도 난
유대 역사 속에 들어설 수 없는
이방인일 뿐

수시로 불어오는 저 흙바람처럼
신神의 땅에선 버틸 수 없는.

---

*김광석 작곡 기타 연주곡.
*김광석이 즐겨 즉흥 연주하는 곡.

컵라면

여행 가방에 비상용으로 넣어 온
컵라면
호텔방 커피포트에 물 끓여
김치 없이 혼자 먹는다
서울에서는 거의 안 먹던 것
예루살렘 다운타운에서
점심에 먹은 파스타보다 맛있는 이유
지지고 볶고 교통체증과 매연에 시달려도
모국어가 들리는 곳에서 살아야 하는
토종이기 때문일까

지금쯤 개나리 흐드러졌겠지
북한산 진달래 능선 꽃망울은 맺혔을까
왜 자꾸 촌스럽게 컵라면에서
진달래 향이 나는 것이냐

갈릴리

팔당호 같은 갈릴리엔
베드로 생가가 있다
팔당호 주변 장어구이집 같은
베드로생선*을 튀겨 파는 집도 있다

예수께서 갈릴리
풍랑 위를 걸어오시면서
베드로야 베드로야
네가 날 사랑하느냐?

바람이 몇 올 안 남은
내 머리칼을 뒤적이며 숨 죽여 속삭였다
너는 너는 왜
여기까지 왔느냐?

---

*베드로생선 : 베드로가 어부시절 잡았다는 갈릴리호의 베스.

광야

바람이 분다
묵묵하던 광야가 제살 벗으며
우우우 일어선다
사해 근처,
미치광이 황사 바람 속을
나귀 타고 건너는 청년에 한눈팔다
잠시 길을 잃었다
하루 오만 원 주고 렌트한 한국산 소형차가
사정없이 흔들렸다

바람이 분다
세례 요한의 목을 원했던 살로메를 닮은
소녀 둘이 황사 속에 서 있었다
근처 키부츠*에서 머물다 돌아가는 길이라고 했다
검문소의 소녀들이 기관단총을 어깨에 메고
소녀들을 검문했다
접시에 담아 온 요한의 목을 보여줄까 하다
여권과 국제 운전면허증만 보여 주었다

황사가 인다
오랜 침묵을 깨고
세례 요한이 부활하고 있다.

---

*키부츠(kibbutz) : 이스라엘의 노동자 농촌의 한 형태로 크부자(kvutza)라고도 한다. 키부츠란 집단을 의미하는 히브리어로 시오니즘과 사회주의가 결합한 형태이다. 노동자 농촌은 노동조합원에 의해 국유지에 건설되어 사회정의, 평화, 상호부조를 지향하는 농촌인데 사유재산을 부정하고 생산, 노동, 소비를 모두 집단화한 극단적인 공산적 농촌이다.

눈빛이 닮아서

남 사해 근처, 쇼핑몰에
선크림 하나 사러 갔다가
우연히 만난 처녀
반은 한국인 반은 유대인
고조할아버지 때
전주에서 만주로 흘러들어
할아버지를 낳고
할아버지는 러시아로 흘러들어
어머니를 낳고
어머니는
천여 년을 떠돌다 이스라엘에 정착한
러시아계 유대인과 결혼
자기를 낳았다고
이마와 눈매가 한국인인 처녀
러시아 관광객이 주로 오는
화장품 가게의 과년한 딸이다
우리는 피차
서툰 영어로도 부족함 없이 소통했다

눈빛이 닮았기 때문이다.

육십 년

이방의 호텔 앞
초승달을 배경으로
수위 청년과 사진 한 장 찍었다

이 청년을 만나기 위해
육십 년을 걸어왔다

야곱의 우물이 있는 마을
사마리아 여인이 살던
무너진 수가성터
동갑내기 성터지기와
사진 한 장 찍었다
무너진 사내의 구두 뒤축은
마음속에 담아왔다

그에게 겨우
이십 달러를 주기 위해
나는 오십 년이나 일했고
육십 년을 살아왔다

구두닦이

아직도 메시아를 기다리는
유대 나라에서
고집스런 신앙을 슬그머니 엿보다
그냥 질러버리고 만 이유
나는 모른다

평생 기다려온 사람은 오지 않았다
끝내 오지 않을 것이다
혹시 나같이 무모한 인사를
기다려주는 이가 있다면
기꺼이 그의 구두를 닦아주리라

아침마다 내가 머무는 호텔 앞으로 출근해
담배 한 가치, 한국 돈도 좋아한다고
손 내미는 내 또래의 무슬림 구두닦이
아침마다 그에게 구두를 닦고 싶지만
여행 중 구두가 없다
그저 담배 한 가치 적선으로 그와 눈빛을 섞는다

반세기 전 유성온천 호텔 앞에서
구두 닦던 소년이 생각났다

생애 소년의 첫 직업이었던.

작별

호텔 앞 늙은 구두닦이가
이틀째 보이지 않는다.
새벽이면 출근해서
아침을 준비해 주는 호텔 직원
'말리' 도 보이지 않는다.
서툰 한국어로 "아뇽하소요" 인사하던
스무 살짜리 청년.
종교를 물으니
유대인 호텔에서 일하면서 큰 목소리로
무슬림이라고 대답했다.
종이컵에 커피를 담아 로비로
무료 배달해 주곤 했다.
돌아가기 전에
몇 불 팁으로 주려고 찾으니
아파서 못 나왔다는 소식.
작별은 언제나 잠시
섭섭한 옷으로 갈아입는다.

지금쯤 내 사는 곳,
서울시 도봉구 우이천변
발길 닿는 곳마다 밟히던
벚꽃의 짧은 생애를 닮은
이 눈부신 쓸쓸함은 어디서 오는 걸까.

같은 별

같은 별을 보면서
나라마다 이름이 다르고
뜻이 다르다

같은 하늘을 보면서 당신과
나의 하늘이 다르다는 것
당연한 일이다

누구나 가슴속에 별 하나씩 뜨지만
내 별과 당신의 별
혹은 그들의 별과 우리들의 별로
나누면서 사람들도 나뉘어 갔다
수천 년을 이어 온
살생이 아직 끝나지 않는 이유이다

툭하면 등교길에 포탄 맞아 죽는
무슬림의 아이들과
온몸에 폭탄을 감고 질주하는 아랍 청년의
가슴에 품은 별들도 이와 같다

축복

유대 소년들 몇
예루살렘 다운타운에 모여
K-pop 리듬에 맞추어 춤추고 있다
머리에
하나님이 함께하시는
작은 호떡 같은 모자를 쓰고

춤추고 노래한다는 것
인류에게만 내리신
하나님의
축복

제 4 부

흑백사진

성묘 가는 길

비좁은 골목길을 벗어나서
어머니는 산으로 가셨다.
재래식 부엌 딸린 방 하나,
여러 가구가 같이 쓰던
수도와 변소를 뒤로 두고
어머니는 산으로 가셨다.
돈이 없어 치료 한번 못 받으시고
덜 자란 외동아들 가슴에 묻고
어머니는 산으로 가셨다.
제대로 슬퍼할 틈도 없이
온몸을 흔들던 세상 바람 속에
숭숭 늙어온 아들이
오늘, 늦둥이 외동딸 유학길
잘 보살펴달라고 성묘를 간다.
아이 젖 투정하듯
어머니 산소에 간다.

흑백사진

겨우내 닫아두었던 창문
조금 열고 아직 미적거리고 있는
겨울을 서둘러 송별했다.
겨울의 마지막 반란군
콧물, 눈물을 동반한 기침이 쳐들어 왔다.

유리창 밖으로 보는 햇살은
따뜻했고 흑백사진 속의 아버지는
유리창 안쪽 액자 속에 앉아 계셨다
한 번도 불러 본 기억이 없는 호칭
아비 없이 자란 호로 자식
그래서 난 인생에 버릇이 없었던 걸까

나이 마흔에 아버지가 되자
흑백사진 속의 아버지가 걸어오셨다
유리창 밖 떠돌던 풍문처럼
우리는 굳게 악수를 했다

그리고 순대국 한 그릇

아주 오래전이야
툇마루 달린 창호지 문간방에서 최초로 만난 상처
어디서 오는지 알 수 없어도
버림받았다는 느낌만 온몸을 흔들고 지나갔지
아마 다섯 살 혹은 여섯 살쯤일까
어머니는 서울로 돈 벌러 가시고
외할머니와 단둘이 살던 창호지 바른 방문이 있던
쪽방
아버지의 부재는 이유도 알지 못했고
세상에는 오직 할머니와 어머니뿐
날마다 한 되 혹은 반 되씩 팔아다 지은
꽁보리밥과 콩나물국 묵은 김치가 전부인 밥상에
구운 꽁치 한 마리 슬그머니 올라오면
어김없이 어머니는 거울 앞에 앉으시고
밀려들던 불안 끝에
눈물처럼 대롱거리던 슬픔
언제 오실지 알 리 없는 매몰찬 어머니의 돈벌이 길

연변에 어린 자식 떼어놓고
내 사는 동네 황금식당에서 일하는 연변 아줌마
연변 억양에 묻어 있는 그늘이
나보다 한참이나 나이가 어린 어머니를 닮아서
갑자기 어리광을 부리고 싶은 저녁

그리고 순대국 한 그릇

민들레

저는 비예요, 아니 고통
이라고 나는 썼었다
저는 비예요, 아니 기쁨이라거나
축복이라고 쓰진 않았다
그 골목에 내리는 비는
늘 우울했다거나
골목 끝에
불길하게 감도는 예감 따위
세상 어디로 가도
그 골목에 당도한다고
오늘 쓸까 하고 한참 망설이다
쓴다
비만 내리면
캄캄해지는 그 골목
햇살도
사선으로 조금 떨어지다 마는
어머니 누워 계신
가난한 상여가 돌아나가던

그 골목 금이 간 보도블럭을 비집고

민들레가 피었다

앉은뱅이책상

고개 숙여 앉은뱅이책상에서 시를 쓰던 사내는 오래전에 죽었다. 사내가 남긴 단 한 권의 시집의 표지도 누렇게 바랬다. 시 쓰는 일 외에 아무것도 하지 않았던 사내의 흑백사진도 바랬다. 결혼은 하지 않았고 모친에게 물려받은 허름한 방에서 간혹 동생들이 놓고 가는 양식이 떨어지면 그냥 굶었다. 벙어리처럼 말이 없었던 사내가 살던 동네는 미루나무 몇 그루, 작은 시내가 지나가고, 가끔 시내 둔덕으로 사내가 천천히 걷는 모습이 보이곤 했다. 사내의 등 뒤로 언제나 노을이 걸려있었다.

그의 앉은뱅이책상을 인사동 외진 골목 고가구점에서 보았을 때 나는 사방을 두리번거렸다. 그가 근처에서 어슬렁거리는 것 같았다. 그의 유고집을 그의 동생들이 준비하고 있다는 소식을 들은 지도 몇 해가 지났지만 소식이 없다. 까마득히 잊고 있다가 인사동에서 만난 그의 앉은뱅이책상. 아무래도 그의 유고집은 나오기도 전에 고서점에 나올 것 같았다.

영안실에서

한물간 인물들이 모여 앉아 화투를 치고 있는 영안실 한구석에 쭈그리고 앉아 스티로폼 그릇 속의 육개장 한 그릇 비웠다. 메케하게 슬픔이 스쳐갔다. 생수 한 컵 마셨다. 얼굴 여기저기 저승꽃이 핀 사람들의 어깨 너머 화투짝을 맹하니 들여다 보다 조용히 나와 담배 한 대 피어 물었다. 추웠다. 이상한 슬픔이 한 차례 더 머리끝에서 발끝까지 소름처럼 지나갔다. 너무 오래 머물렀다. 영안실 주차장을 나서면서 저승에서도 주차비를 받을지 모른다는 생각이 들었다. 돌아가신 천상병 시인의 소능조*가 떠올랐다. 그곳에서도 막걸리를 마시고 계신지 궁금해 하늘 한 번 쳐다보았다. 서서히 날이 새고 있었다.

---

*저승 가는 데도/여비가 든다면/나는 영영 가지도 못하나
–천상병 〈소능조〉 중에서.

이화령 근처

소년이 가방을 메고 걸어간다.
낙엽처럼 팔랑거리며
소녀가 그의 뒤를 따라 걷는다.
소년은 자꾸 뒤돌아서서 따라오지 말라고 손짓한다.
소녀는 잠시 그 자리에 멈추었다가
다시 소년을 따라 간다.
소녀가 지나가는 자리마다
은행잎이 노랗게 물들었다.
단풍나무 진저리치며 타올랐다.
모롱이 돌 때마다 벼이삭 고개를 숙여
인사한다. 소녀도 따라 인사한다.
관광버스가 악 쓰며 지나갈 때마다
소년은 나이가 들어갔다.
처녀는 이민 가서 미국 시민이 된 후
세 번 이혼한 할머니가 되었고
청년은 자동차 수리공을 거쳐서
카센터 주인이 되었지만,
평생 혼자 살았다.

이화령을 넘어 할머니가 할아버지를 찾아온 날

나는 배꽃이 흐드러지게 핀 마을 장례식장에서
밤새도록 화투만 쳤다.

방 한 칸

벽이 걸어오더군요.
암 병동에서였지요.
잊을 만도 한데
아물지 않은 상처들
벽을 밀며 걸어오더군요.

처음 벽이 걸어온 것은
열여섯 살
거리에서였지요.
그 후 나는
거리에 버려진 파벽들만 주워
방 한 칸 지었습니다.
바람 불고
눈비 내려도
뙤약볕에도 끄떡없는
방 한 칸.

지상에는 지을 수 없어
가슴 가장 깊은 곳에 지었습니다.

그 모퉁이

그 모퉁이를 돌아가면
그의 내면이 보였다
그 모퉁이에 한 발 디밀고 서서
한참을 망설이다 그냥 돌아섰다

내가
그 모퉁이 근처에서 하염없이 서성거린 걸
그는 모를 것이다

리모컨

한 번도 가보지 못했지만 익숙하게 내 속에 남아있는 곳. 내 상상의 기반을 그곳에 두고 있기 때문일까. 난 구체적으로 그곳의 주소를 알지 못한다. 하지만 그곳은 끝이 보이지 않는 수평선을 품은 커다란 호수가 있고 호수 주변의 가파른 산들을 오르면 곰 같은 대형 동물들도 만날 수 있다. 호수 한 모퉁이씩 안고 모여 있는 작은 마을들. 거리엔 빨간 우체통이 놓여 있고 공중전화 박스 앞엔 한두 명씩 줄을 서서 기다리는 곳. 버스커*들이 매일 연주하는 곳. 북유럽 근처가 분명한 것 같기도 하고 아닌 것도 하다.

몇 번 스치듯 그곳을 지나치긴 했겠지만 그곳의 주소도 위치도 정확하게 입력되어 있지 않다. 지리산 어느 외진 마을이거나 강원도 얼마 남아 있지 않은 오지 중 한곳일 거라는 막연한 기억의 줄을 나는 한 번도 놓지 않았다. 지붕이 낮은 집 몇 채 있고 뒷문을 나서면 곧장 거대한 산의 내부인 곳. 마당 앞엔 까마득히 산 능선들이 중첩되어 있는 곳. 가끔 근처

오래된 암자를 오가는 신도들과 눈 푸른 스님들이 바랑을 메고 지나가는 곳. 몇 안 되는 주민들이 숯을 구워 시장에 내고 약초 말리는 냄새가 은근히 배어 있는 곳. 맨 간장에 비벼 먹던 나물밥과 묵은 김치의 신맛. 그리고 손가락 지문마다 까맣게 때가 끼어 있던 눈썹 곱던 여인.

채널을 돌리면 곧바로 뉴욕, 파리, 서울로 돌아올 수 있는 곳.

*버스커 : 거리 연주자.

제 5 부

낡은 집

거짓말쟁이

개가 고독하게 짖는다고 시인이 말하면
그 개는 정말
고독한 개라고 쓴
어느 시인의 말은 거짓말이다
대체로 세상은 개소리만 들리기 때문에
시도 대체로 컹컹 짖다가
마침내 고독한 개가 되었다는 것도 거짓말이다

시인은 거짓말쟁이다

그가 기르는 견종은 푸들
귀가 귀를 덮고 있어서
툭하면 귓병을 앓지만
온 세상을 섬세하게 듣는다
지금 외출 중인 그를 기다리는
개 한 마리가 시를 쓰고 있다
주인은 결코 배반하지 않는 개
개만도 못한 세상을 퇴고하고 있다

거짓말이라고 말할 순 없다

시인 최승자

최승자 시인이
오랫동안 정신병원에 입원해 있다고
병문안을 가고 싶어도
면회가 절대 안 된다고
내가 할 수 있는 일은
서점에 가 그녀의 시집 한 권 사들고
나오는 것뿐

병동에서 쓴 시들을 펼치자
황사 섞인 눈이 펑펑 내렸다

줄곧 자신만 파먹었기 때문일까
키 149cm 몸무게 34kg

복부비만에 시달리는 체중 85kg
같은 시대를 건너온 나의 철면피함이
시집 값의 열배가 넘는 머플러를 펄럭이며
종로를 지나 인사동
뻔뻔하게 황설黃雪 속을 걷고 있다.

시인의 집

독문학을 전공했지만
소 몇 마리 키우며 목수 일을 돕고 산다는
시인의 집이 궁금하다

한때 잘 나가던 출판사를 접고
안성 근처에 마당 넓은 집을 짓고 산다는
시인의 집도 궁금하다

문학교수로 정년한 후
전원에 그림 같은 집을 짓고 산다는
시인의 집도 궁금하다

평생 고등학교 국어선생으로 밥 먹다
나이 육십에 전업 시인이 되었어도
서울 변두리 아파트 골방에서
별로 새롭지도 흥미롭지도 않는 푸념만
시랍시고 껄떡대고 있는
시시한 그의 집은 궁금하지 않다

구린내

먹이나 칠하고 살겠습니다.
라고 그가 말했다.
그는 대가 반열에 오른 서예가
시나 쓰고 살겠습니다.
라고 나는 말하지 못했다.
소가 반열에도 오르지 못했기 때문이다.
그렇다고 음악만 하고 살겠습니다.
라고 말하지 못했다.
음악은 밥벌이가 아니기 때문이다.
그러니까 그와
헤어지는 순간에도 나는
변변치 못한 생을 건너고 있는 셈.
세상을 그리워했으면서도
세상과 눈도 잘 맞추지 못했다.
아, 그러고 보니
온통 구린 일뿐이었구나!
그럼 난 무얼 하고 살아야 하나.

몸에 밴 구린내나 털어내며 살겠습니다.

말하자면

그는 늙었다.
오랫동안 시를 써왔고
아직 젊은 여자와 연애 중이지만
폭삭 늙을 때까지
미아처럼 세상을 헤맸다
말하자면 그는 노시인이고
젊은 여자와 연애 중이고
미아역 주변에서
오십 년 넘게 시를 쓰면서
미아처럼 살고 있다

(여기까지 쓰면 당신은 또
실제의 인물을 연상하겠지
당신은 왜 스캔들만 읽고 싶어 하는 걸까)

아직 폭삭 늙지 않은 당신은
여전히 쌍문동에 산다

폭삭 늙을 수 있다는 것
말하자면
하나님의 은총이다

엉터리 시*

사람과 사람 사이에
오독이 있다
모독으로 읽어내면 곤란하다
세상은 세상
지상이나 천하로 읽어도 곤란하다

사람과 사람 사이에는
개들이 있고 집들이 있다
사람과 사람 사이를 이어주는 것이
전철이나 비행기라고 착각해서는 안 된다
그렇다고 사람과 사람 사이에
개들과 집들 혹은
자동차나 배가 없다는 것은 아니지만
사람과 사람 사이에는
마르지 않는 외로움이 있다
외로움이 사람을 낳고
빌딩을 짓고 개들을 기르고
빌딩이나 개들이 전철이나 비행기,

자동차나 배들이
사람들을 길들인다

혹시 여기까지 읽다가
화나는 독자가 있다면
화는 몸에 해롭다는 것도 잊지 마시길!
사람과 사람 사이에는 아무것도 없다
텅 빈 시 한 편씩 있을 뿐이다
동의할 수 없다면,

이런 엉터리 시는
읽지 마시길

---

*이승훈 시 〈엉터리 시〉에서 제목을 빌려옴.

낡은 집

무거운 몸을 끌고 도착했다.
저녁 햇살 은밀하게 산비알을 비추고
산은 잠시 자신의 속살을 보여주다
숨어버렸다.
오래 비어 있던 집의 문을 열고
녹슨 난로에 불을 지폈다.
익숙한 어둠을 태우며 타오르는 불.
허술한 생도
의외로 오래 버틸 수 있다는 것을
무심하게 보여주는
낡은 집의 기둥 몇 개.

세상과 잘 지내지 못했다
사람을 떠나 당도한 곳에서
여전히 사람만 찾아 두리번거린,

늙은 소년이 오늘
나이 든 집의 문을 열고 불을 지피고 있다.

화병

세계 의학사전에 유일하게
한국어로 오른 병명
홧병이라고 발음해야 제 맛이 난다
별 다른 약물처방도 수술요법도 없는 병
신체의 면역체계를 망가뜨리고
저항력을 현저히 저하시키는 병
때론 죽음에 이르게 하거나
증오나 무력증 불면증 등에 시달리며
지옥을 헤매게 되는 병
간혹 완화되기도 하지만
날카롭게 재발되는
고질병

전통적으로 한국에 환자 수가 넘쳐나
'힐링' 이란 외국어 처방만으로도
돈을 벌게 해 주는 병

당신의 집 1

새벽 네 시, 당신은 잠에서 깬다.
샤워를 한다. 화장을 하고
아침은 커피 한 잔, 아니 위를 다친 후에는
견과를 갈아 넣은 유산균 한 컵
독일제 승용차에 몸을 실고
동네 골목을 돌아 나오면
아침 6시
텅 빈 당신의 사무실
영국 왕실용 의자에 몸을 내릴 때
당신의 가슴에 켜지는 불꽃은
무슨 색일까 어쩌면
추억 따윈 없을지도 모른다.
때때로 만나는 쓸쓸함 따윈
사소한 미열일 뿐.

귀가길, 당신의 집엔
프랑스가 세 들어 살고 있다.
거실과 욕실에는 이태리도 살고

노르웨이도 산다.
미국으로 유학 간 아이들의 사진도 산다.

이혼한 남편 대신
전 세계와 살고 있는 당신의 집.

당신의 집 2

당신이 당신으로부터 외출해서 기도하는 집은 당신 집이 아니다. 당신의 집은 강 건너에 있지 않고 들판에도 없다. 당신은 아직 멈추지 않는 시간이다. 그렇다고 당신의 집이 당신의 손목시계나 벽시계에 있다는 말은 아니다. 당신의 집은 어디에도 없고 어디에나 있다. 그렇다고 당신이 바로 당신의 집이라는 말도 아니다. 당신은 한 번도 당신의 주인인 적이 없었기 때문이다.

당신의 집 3

당신의 집엔 아이 두 명과 당신의 남편, 그리고 강아지 두 마리가 산다. 당신의 집엔 때론 고양이도 세 들어 살지만 오래 머물지 않는다. 당신의 집엔 수시로 그가 와서 산다. 사는 일에 치여 당신은 종종 그를 잊어버린다. 그의 이름은 고통, 당신은 그의 은밀한 愛人이다.

당신의 집엔 오래 묵은 관절염이 살고 치유되지 않는 요통도 산다. 당신이 그녀를 잊어버릴 때쯤 그녀가 당신에게 전화를 한다. 그녀의 이름은 고통. 요즈음은 고통의 "통"자만 남아 통통 튄다. 아마 당신이 죽을 때까지 통통 따라다닐 그녀는 당신의 숨겨진 情婦이다. 당신은 그 집을 팔 수도 버릴 수도 없다.

당신의 집 4

아침 일곱 시
당신은 어김없이 출근한다.
당신의 집은 전철역에서 걸어 이십 분
전철역 계단을 오르고 내리며
늙어 왔고 환승하듯
안경만 갈아 썼다.

저녁 아홉 시
어김없이 거실 소파에서
티브이를 보며 졸고 있는
당신의 집.

제 6 부

서랍

어부 김 씨

댐이 들어서고
댐 아래 강의 바닥이 보일 때쯤
그는 고기잡이를 그만두었다
저물녘 강에 나가 그물을 치고
아침이면 걷어 들이는 일로 한평생
강을 떠나본 적이 없었던 그

죽으면 화장한 후
강에 뿌려 달라는 유서와
화장할 돈을 낡은 봉투에 넣어
초막에 남겼다

전기를 들인 적도
살림을 차린 흔적도 없다

그의 삭은 초막 지붕에 널린
낡은 그물을 만지작거리니
잉어, 누치, 붕어, 쏘가리가

꿈틀댔다

몇 마리 손질해 비닐봉투에 담아
돌아왔다

열쇠공 김 씨

아침이면 집을 나서서
어둑해지면 동네 골목을 어슬렁거렸다.
당뇨와 혈압을 앓았다.
고장 난 문을 열어주고
구두를 수선해 주었다.
아버지가 어부였던 강을 떠난 후
고향의 버드나무와 은빛 피라미는
흑백사진으로 남았다.
평생 두 여자와 살았다.
두 여자에게서 얻은
두 명의 자식의 천연색 사진은
늘 지갑에 넣어 다녔다.
술 담배를 멀리 했다.
눈이 어두워지고 손이 떨리기 시작하자
일을 접었다.
오늘 새벽 자다가 고통 없이 운명했다.

현처에겐 25평 아파트 한 채,

통장의 1억 3천 4백 2십만 원은
대학 삼학년 때 행불자가 된
죽은 전처소생
큰 아들에게 주라는 유언을 남겼다.

시장통 김 씨

믿었던 도끼에 발등이 찍혀
여생을 절름발이로 살다간 사내의
부고를 신문에서 읽었다
그나마 신문에 부고가 실리는 인사라면
유명한 생을 살았을 터

수없이 등에 비수를 맞고도
끈질기게 살아남았던 시장통 김 씨의
부고는 문자로 당도했다
무명의 생을 산
시장통 김 씨의 상가인 한전병원
영안실 입구에서 나는
봉투에 오만 원을 넣을까
십만 원을 넣을까 고민하다가
이달에 부의금으로 나간 돈을 계산해 보니
내 죽으면 부고도 못할 것 같았다

보름달만 똥그랗게 떠 있었다.

트럼펫과 중절모

고등학교 밴드부에서 트럼펫을 불던 그가
홀어미를 두고 가출한 것은
고등학교 2학년 때이다

부평, 의정부, 동두천, 송산 등 미군부대 주변을 떠돌다
흑인 여군을 따라 미국으로 건너가
재즈 트럼펫 주자로 살았다

미군부대 근처
단칸방에 살림을 차린 것은
일흔이 조금 넘어서이다
한 십년 그를 수발하던
어머니를 닮은 여인이 먼저 세상을 뜨고
딱 한 달 후
그도 긴 유랑을 마쳤다

평생을 같이 한
트럼펫과 중절모 몇 개
유품으로 남겼다

해피 최

젊어선 월남전에 가서
라이한* 하나 만들고
베트콩에게 밀려
중동 공사판으로 떠돌 때
아이와 어미가 행불되고
브라질 농장으로 하나뿐인 몸 팔러 갔네.
그곳에서 혼혈 둘 만들고
홀로 미국으로 야반도주
삼십여 년 불법체류자로 떠도는
내 이름은 해피 최.
여기선 해피 초이라고 불리지만
국적은 아직 한국이라네.
주차장 관리로 밥만 먹고 살지.
혼자 산다네.
적막은 가장 익숙한 내 친구.
내 이름은 해피 최라네.

---

*라이한 : 한국남자와 베트남 여인 사이에서 출생한 혼혈.

파고다 공원에서

나이 들면 성욕도 귀한 손님
잘 접대해서 보내야 한다고
형님 같은 할아버지가 웃고 계신다.
누님 같은 할머니가 웃고 계신다.

낙원상가에 기타줄 사러 왔다가
신문 속 쓸쓸한 매춘기사를 읽고
들러본 파고다 공원
쪼잔한 나는
한눈 한번 제대로 팔아보지 못하고
주차비 무서워 서둘러 귀가하는 중이다.

미국

초등학교 6학년 때
아빠는 집을 나갔어요.
여고 2학년 때
엄마도 집을 나갔어요.
다니던 학교는 그만둘 순 없었지요.
밤에는 룸에 나갔지요.
수입이 짭짤했어요.
여고 졸업 후 일본으로 진출했어요.
귀국 후에 옷가게를 차렸지요.
이년 만에 다 들어먹고
다시 일본으로 나갔지만
일자리가 없더군요.
누가 나 미국 좀 보내줄래요.
그곳에서는 아직 젊어 보인다던데
나이는 묻지 마세요.
엄마가 집 나갈 때
내 나이도 가져가 버렸어요.
누가 나 미국 좀 보내주세요.

가서 눈 맞추며 살 부비며
힘껏 살아 볼게요.

의정부 교도소

기지촌에서 태어나
미군부대 직장 동료와 옥중 결혼
만 14년 만에
살인범에서 모범수로 출소하는
전직 미군 클럽 무명 여가수
음반 하나 낸 적 없다
여자의 남편은 미 8군에서
귀화한 흑인 베이스주자
현직 자동차 수리공
취미 소주 복용
빛바랜 기지촌 골목 끝에 주차된
낡은 자동차를 닮았다

여자의 남편이 시방 두부 한 모 사 들고
의정부 교도소 정문 앞에 섰다
눈만 펑펑 내리는.

풍문

꿈속에서 그를 보았다.
여전히 젊고, 우울해 보였다.
흰 양복을 입고 비 그친 비포장 길
물웅덩이만 골라 밟으며 걸어오고 있었다.
흰 바지에 흙탕물을 묻히진 않았다.
몹시 야위어 보였다.

재래식 부엌 하나 방 하나 딸린 집에서
혼자 몸살을 앓고 있던 그.
방 안에는 삼양라면 봉지가 흩어져 있었다.

그가 음독자살한 건
35년 전 음악 교사로 발령난 해이다.

그를 의혹에 시달리게 하던 여자는
아들 하나 결혼시키고 혼자 산다고 했다.

그의 아들이라고도 하고
아니라고도 했다.

아다지오

–노광래에게

아우가 보내 준
알비노니의 아다지오
반복해서 잘 듣고 있다네
오래 익은 뒤란의 장독에서
풀려나오는 슬픔들
하나하나 손끝에 묻어날 때까지
새벽마다 퍼 담고 있다네

오래 잊혔던 것들을
은밀히 일깨우는 첼로의 현
오래 가두어 두었던
갈기 푸른 말 한 마리
고개 쳐들고
노쇠한 콧김을 뿜어대곤 했지

내민 손 마다
왜 세상은
오늘도 흰 눈발만 담아주고

잡히지 않는 햇살만 내어주느냐고?
그래도 그게 어디인가
아직 내밀 손과
상처받을
시간이 남아 있다는 것

혹자는 이런 나를 염세주의자
혹은 패배주의자로 읽고 가곤 하지만.

분신分身

그는 하루 세끼 꼬박꼬박 챙겨 먹으면서
먹고 살기 힘들다는 말이 입에 붙어있었다
담뱃값이 두 배로 올랐음에도
여전히 잘 사 피우고
철이 되면 옷도 잘 사 입었다
틈만 나면 해외여행도 하고
골프도 치러 다니고
술시가 되면 친구들과 술을 마셨다
음악은 듣지 않았다
가끔 돈이 될지도 모르는 그림만 보러 다닐 뿐
독서는 해 보려 노력했지만 그의
체질은 아니다
그의 소망대로 그에겐
갑자기 하늘에서 돈벼락이 떨어지거나
로또에 당첨되는 일 따위는
결코 일어나지 않았다

그런 그가 저녁 뉴스에 등장했다

골목길에서 사소한 시비 도중
자동차를 서서히 후진시킨 후
갑자기 돌진하여 시비를 가리던 사람을 받아 버렸다
느와르 영화광이었던 그
그의 변호사는 그의 정신감정을 의뢰하겠지만
감옥에서 오래 머물 것이다

그는 내 속에 오래 숨어살던 분신이다.

돈

그가 할 줄 아는 것은 장사뿐 성실하게 물건을 떼다가 파는 상인의 길을 걸었다. 그의 재산은 알곡처럼 불어났다. 돈 모으는 재미 외에 취미가 없었던 그. 의식을 잃기 전 그는 죽음과 수월한 거래를 위해 종교에 귀의했다. 그의 장례식은 화려했으며 그를 추모하는 사람들은 모두 부자들이었다. 그는 한 번도 돈을 벌어 본 적이 없는 외아들에게 아래와 같은 유언을 남겼다.

'세상엔 돈 버는 사람 따로 쓰는 사람 따로 있단다. 하지만 돈은 버는 사람의 것이 아니라 쓰는 사람의 것이다. 아들아, 그러고 보니 애빈 한 번도 돈의 주인인 적이 없었구나!'

서랍

텅 빈 서랍을
궁금해 해줘서 고맙다
셀 수 없는 모욕은
압축 냉동된 채 숨어 있어
눈에 띄지 않을 것이다

그래도 궁금하다면
삐걱거리는 소리까지
통째로 주마.

다시 읽는 시

사십여 일을 예루살렘 통곡의 벽에서
단식과 밤샘 기도로 보낸 여자의 목소리에선
쇳소리가 났다.
세상의 무엇이든 다 잘라버릴 듯한
그 여자의 눈빛,
가족관계는 묻지 않았다.

삼십여 년 명상 수행한 사내의 목소리에선
바람소리가 났다.
휑한 눈빛에서도 바람이 불었다.
색소폰 주자인 아들 하나 두었다.

약방 집 아들로 태어나 평생 무면허 한의로 살아온
그의 처방전엔 늘 사람이 붐볐다.
그를 찾는 사람들은 신통방통 몸이 좋아졌다.
아이 둘 엄마를 딸려서 미국으로 유학 보냈다.

고등학교 다니다 출가한 그는 사십 년 동안
동안거, 하안거, 한 번도 선방을 벗어나 본 적이 없다.

만행 시 머무는 토굴엔 늘 사람이 꼬였다.
토굴 앞엔 늘 고가의 외제 승용차들이 서 있다.

내 사는 골목, 삼십여 년 간판을 바꾸어 본 적 없는
전파사 주인은 동네 축구 동아리 회장이다.
늘 반바지 차림의
그의 굵은 종아리가 제일 먼저 눈에 들어왔다.
내 딸아이가 다닌 초등학교 1회 졸업,
애비 또래의 딸아이의 선배이다.

> 시간은 있으리라, 시간은 있으리라,
>
> 당신이 만나는 얼굴들을 만날 얼굴을 준비할 시간은,
>
> 살인하고 창조할 시간은 있으리라,
>
> 당신의 접시 위에 문제를 들었다 놓는
>
> 손들의 모든 일들과 날들의 시간은.

T.S. Eliot의 〈프루프록 연가〉를 이십 년 만에 다시
읽는 아침이다.

제 7 부

난 재즈가 좋아

시애틀의 잠 못 이루는 밤*

가출한 푸른 공기
푸른 숲
날 떠난 푸른 하늘이
여기로 이민 와 살고 있었구나.

나는 시방,
온몸에 묻은
미세먼지와 황사를 털어내며
낮에는 꾸벅꾸벅 아무 데서나 졸고
밤이면 말똥말똥 잠들지 못한다.

*영화제목.

은팔찌

허름한 동네 어귀엔 어김없이
생선 트럭이 왔다 가고
야채 트럭이 왔다 가고
과일 트럭도 왔다 가고
트럭에 녹음된 목소리가 허접하게 동네를 흔든다
허름한 동네에서 평생을 살아왔으니
허접한 확성기 소리를 평생 듣고 살아온 셈

오늘은 고물상이 와서
낡은 컴퓨터를 주고
빛바랜 은팔찌* 하나 받았다
얼룩진 때를 은근히 닦아내면
전 주인의 생도 은밀하게 보일 것 같아서.

---

*수갑인 줄 알았다는 지인의 댓글이 달렸다.

결핍缺乏

"시애틀보다 훨씬 춥죠?"
장모님 상으로 잠시 귀국한 오랜 친구에게
물었다
"당연하지요, 너무 추워요"
삼십 년 넘게 미 서부에서 목회를 하고 있는
친구가 대답했다
"요즘 어떻게 지내세요?"
친구의 물음에
"별 볼 일 없이 지냅니다" 라고
대답하자
"요즘은 별도 안 뜨는 모양이군요"
라고 듣는 듯했다.

인천공항 3층 출국장으로 들어서며
이젠 서울이 낯설고
시애틀이 고향 같다는 친구의 등 뒤로
노을이 깊게 스며들고
공연히 눈에서 별이 떨어졌다

아무래도 노을 탓이거나
세상에 떠도는 말
남성 호르몬 결핍 증세일 터!

그녀는 방배동에 산다

아름다운 그녀는 방배동에 산다.
청담동에 산다, 혹은
일산 신도시 전망 좋은 방에서
그림을 그리거나 동화를 쓰며
예쁘게 산다.

아름다운 그녀는 방배동에 살고
혹은 청담동에 살지만
수유리에도 산다. 그 여자의 이름은
말할 수 없다.

아름다운 그녀만 방배동에 살거나
대치동 혹은 성북동에 사는 건 아니다.
예쁘지 않은 그녀도 산다.
요즘, 성북동 비둘기들은 살지 않는다.

아름답거나 예쁘지 않은 그녀는
방배동에 살거나 논현동에 살고

청담동, 성북동, 일산 신도시에 살고
상계동에도 살지만

나는 쌍문동에서
전화번호 한번 바꿔보지 못하고
이십 년째 같은 아파트에 살고 있다

6시 내 고향*

산이 외둘러 강을 감싸고
강은 근처에 집 몇 채 놓아
물고기를 잡게 했다
물고기는 아이들을 기르고
학교에 보내고
대처에 풀어놓았다
대처에 지친
몇몇 아이들은 돌아와
다시 물고기를 잡고
물고기는 아이의 아이들을 길렀다

대처가 고향인 아이들은
대체로 병원에서 태어나
거실의 티브이가 키웠다
티브이가 세상이고
세상이 티브이인 아이들은 자라서
티브이 속 인물이 되기도 하고
티브이로 익숙해진 직업을 갖거나

더러는 티브이 속의 해외로 떠났다
노후엔 거실의 티브이를 벗 삼다
대체로 병원에서 생을 마친다.

---

*KBS 장수프로.
요즘은 스마트폰이 아이들을 기르고 스마트폰 속의 직업을 갖거나 스마트폰 속의 해외로 떠난다는 댓글이 달렸다.

너는 그곳에 없었다

새들이 몰려온다는
을왕리乙往里[*] 모서리 바위에
쭈그리고 앉아 김밥 한 줄 먹었다.
새들은 오지 않았다.
목이 메어 자판기 커피 한잔 마셨다.
담배를 연속 세 가치째 태웠다.
너는 그곳에 없었다.
노을 눈부신 겨울
거짓말처럼 바다가 밀려와도
새들은 오지 않았다.
돌아오는 길에
새들에게 전화를 했지만
노을이 대신 받았다
신기루처럼 환해지는 인천 국제공항
비현실적으로 비행기가 뜨고
내려앉았다.

너는 그곳에 없었다.

---

*인천 공항에서 가까운 해변.

다시 개펄에서

개펄 위에 신도시가 기획되고
대형 마켓과 호텔,
서해를 통째로 정원 삼은 아파트 단지
국제 회의장과 대형 카지노가 들어서면서
개펄을 떠난 사람들과
개펄에서 밀린 망둥어와 세발낙지들은
어물전 가는 길을 잃었다
미리 걱정하지 말라며
아침저녁 불던 바람은
자취를 감추고
개펄을 적시던 노을만 세련된
스카이라인을 연출하고 있다

그래, 그래, 미리 걱정만 하기엔
생이 너무 짧다고!

파주 출판도시, 삼월

아직 바람이 차다 파주 근처
신도시에 혼자 서 있다.
낯익은 사람 전혀 없는 출판도시
햇살이 눈부시고 거리는 텅 비어져 있다.
정돈 안 된 공터 옆 상가 이층 영화관
영화를 보며 꾸벅꾸벅 졸았다.
겨울에 지칠 무렵.
건조한 삼월이 느리게 걸어왔다.
개 한 마리, 텅 빈 거리,
쓰레기통 위로 떨어진 햇살을 뒤졌다.
자꾸 눈길을 외면하던 사람도
삼월엔 꾸벅꾸벅 졸지 모른다.
누군가 속이고 있다는 생각이 갑자기 들었다,
아무래도 병이 든 모양이다.
텅 빈 상가 복도에 옷을 진열해 놓고 팔던 여자의
희망과 절망은 무슨 색일까,
봄 외투 한 벌 살까 망설이다
그냥 나왔다.

방향을 잃고 낯선 도시를 빙빙 돌았다.
영화가 하얗게 지워지고 있었다.
오른쪽 한강 하구
노을이 털컥 걸려있었다.

자유로 1

자유로 근처에는
내가 좋아하는 화가도 살고
내가 잘 아는 치과 의사도 살고
삼십년지기 내 친구도 살고
노을도 산다.

오늘은
치과 의사도 말고
화가도 말고
늙어 가는 친구도 말고
노을만 만나고 돌아왔다.

자유로 2

단풍은 아직 이르지만
술 한잔 하러 오라고
암 투병 중인 친구가 보내온
문자를 읽으며 난 왜 자꾸
자유로 일산 쪽
붉게 물들던 노을만 보이는 걸까
서울특별시 목동 쪽
아예 바닥으로 내려앉은
파키스탄이나 터키의 국기가 떠오르는
그믐달만 보이는 걸까

왜 자꾸 닿을 수 없는 곳에만
시선이 가는 걸까

난 재즈가 좋아

난 재즈가 좋아
영국식 발음으로는 자지로 들리지만
언제 들어도 지루하지 않아
작곡가의 음악이라기보다
연주자의 음악이라는 것은
유명한 재즈피아니스트가 해준 말이야
나는 몇 곡 재즈를 흉내 내다가
재즈 광이 되었어

난 미국을 좋아하진 않아도
미국 재즈는 좋아 물론 남미 재즈나
유럽 재즈를 더 좋아하지만
음악도 편식하면 건강에 해롭겠지
그래도 난 재즈가 좋아
요즘은 국악도 재즈로 들리고
고전음악도 가요도 재즈로 들려
아무래도 내가 재즈를 잘 몰라서 그럴 거야
그러고 보니

제대로 아는 것이라곤 하나도 없군!

지금도 재즈를 들으며 이 시를 쓰고 있어
당신에게겐 시로 읽히지 않을 지도 모르지
그래도 난 재즈가 좋아

빌리 할리데이*

난 그녀를 잘 모른다. 스무 살 때 대학교 앞 디제이가 있는 다방에서 처음 들은 그녀의 목소리가 수십 년 동안 내 귀의 언저리를 떠나지 않았을 뿐. 거리의 창녀였다가 카페 여급을 거쳐 우연히 가수가 되었다든가 남편 겸 매니저에게 배반당해 수많은 돈을 날렸다든가 음악은 한 번도 배워본 적이 없었다는 그녀에 대한 이야기들, 마약 중독과 극도의 애정 결핍은 같은 말, 생에 중독되어 생을 마감했다는 그녀의 노래엔 남도가락이 서려 있는 것도 같고, 내가 잃어버린 여인의 젖가슴 같기도 하고, 길거리에서 질펀하게 퍼질러 울고 있을 것 같은 그녀. 극동의 조그만 나라에 살던 나의 젊어 죽은 이모 같은.

---

*미국의 전설적인 재즈가수.

담배

저를 태우세요.
요즘 갑자기 값이 두 배로 올랐지만
당신에게 봉사하는 것을 생각하면
여전히 저는 싸구려예요.
알몸으로 타올라 당신을 갉아먹는
치명적인 독,
당신에게 까무러치는 재미로 죽어요.
새벽마다 당신이
누구나 사는 날까지만 산다고 쓸 때에도
오후에 은밀한 배반을 꿈꿀 때도
깊은 밤 비겁한 도피를 시도할 때도
대낮에 모욕을 당할 때도
당신을 위해 분신焚身하고 있었지요.
당신은 귀여운 나의 노예
당신이 날 아무리 혐오해도
저는 언제나 당신을 태울
준비가 되어 있어요.

내 시에 대해

더 이상 할 말이 없을 때는
강 하구를 보러 갔다
바다에 가까울수록 숨죽이는 강
강이라는 이름을 버리는 곳
부근에서 배회했다
세상에 대해 별 할 말이 없을 때
詩 쓰기를 그만두어야 하는데
별로 읽어주는 사람이 없었던 세상에
마구 던졌던 내 시들
시들시들 햇볕에 말라가거나
축축하게 젖어 썩어갈 것들
결국은 외롭다는 푸념뿐인 것들

내 시 속엔
김현승의 플라타너스도 없고
서정주의 국화도 없고
김춘수의 꽃도 없고
이승훈의 너도 없고

정호승도 없고 도종환도 없고
황지우의 가죽부대도 없고
아줌마 부대도 없다

이 땅은 시인들이 넘쳐나는
축복받은 나라
넘쳐서 구석에서 비실비실 말라가는
모국어 한끝을 붙잡고
부르르 몸만 떨다 마는 초로의
아물지 않은 상처들
즐겁지도 새롭지도
정수리를 깨치는 깨달음도 없는
피로한 생
과로했다 그래도 시여
시들한 내 시여
날 이 세상에 버티게 해준.

죄송하다

어두워지는 골목길을 나서면
동네 슈퍼의 불빛 따사롭다.
저물녘 마을버스에서 내리는
사람들의 어깨가 따사롭다.
우울하게 살아온 것이 죄송하다.
죄송하다, 나만 쳐다보고 살아온
모난 시간들을 주머니에 넣고
골목길을 걷다 보면
오랜 단골 24시 편의점 앞
빨간 플라스틱 의자가 보인다.
그 옆 종종 목욕하러 가는 산수 사우나
이천 원 할인권을 얻어다 주곤 하시던
장모님. 그러고 보니
삼십 년 동안 장모님과 나눈 대화는
채 한 시간도 못 되는구나!

죄송하다.

비밀번호

집에 들어올 때도
은행에 갈 때도
휴대폰을 열 때도
수인번호 같은 몇 개의
비밀번호

내 인생은 시방
비밀에 쌓여 살고 있는 중

수선집

새로 바지를 장만할 때마다
슬그머니 찾아가는 집
내 사는 골목 한 모퉁이에
허름한 재봉틀 하나 놓고
젊은 새댁으로 주인만 바뀐
옥희네 수선집
허리가 제대로 맞는 바질 사면
허벅지가 헐렁하고
허벅지가 잘 맞는 바지는
허리가 채워지지 않는
가죽푸대는
수선이 불가능하겠지만
바지를 들고 갈 때마다
마음이나 좀 수선해 달라고
뜯어내고 줄이고 자르고 박음질해서
몸에 꼭 맞게
정신만이라도 좀 수선해 달라는
간절한 내 주문은 언제나

공염불
수선비 오천 원만 놓고 나온다.

쉼보르스카에게*

"우리는 연습 없이 태어나/실습 없이 죽는다"

-쉼보르스카의 〈두 번이란 없다〉 중에서

갑자기 일어나는 일은 하나도 없고
일어나지도 않는다.
갑자기 지구가 멸망하지도
갑자기 모든 사람이 교통사고나
전쟁이나 암으로 죽는 것은 아니다.

갑자기 봄이, 여름이, 가을이, 겨울이 오지도
불현듯 가지도 않는다.

나쁜 일일수록 갑자기 일어나지 않는다.
그렇게 믿고 싶을 뿐
수없이 반복되어 온 일들이다.

다만, 마술처럼 아침이 오고
어느새 우린 저녁식탁에 앉아있다.

그리고 오늘 아침에 산 외투가 이미 낡아가고 있다
는 것
내가 지상에서 배운 것은
오직 이것뿐.

---

*쉼보르스카 : 1996년 노벨문학상을 수상한 폴란드 시인.

제 8 부

양수리 안개

세상이구나

바람 한 점 없는 오후
하늘의 투명한 속살 속으로
수직으로 떨어지는
꽃잎 한 장

잠깐 동안의 숨 멈춤.

가을볕 푸짐하게 떨어져 있고
휴대폰 소리,
정지된 시간을 깨운다.

시간이며 공간인
담배 한 모금,
그리고 건조한 바람 한 줄기

세상이구나!

양수리 안개

쥐고 있던 끈들을 놓기로 작정하자
산 능선 사이로 안개가 피어올랐다
신고 있던 신발을 벗어서
안개에게 주었다 그러자 안개는
내 신발을 먹어치우고 더 짙어졌다
다시 놓았던 끈들을 잡을까 잠시
갈등했다 안개 속에서 희미하게
내가 놓은 끈들의 끄트머리가 보였다
하지만 다시 줍지 않았다
철면피하게 안개의 혀가 내 얼굴을 핥았다
소름이 돋았지만 내 얼굴의 반쪽을
떼어주었다 그래 잘 먹고 잘 살아라
나쁜 안개야
피식피식 웃으며 안개가 물러갔다

가까이 양수철교가 보였다

은밀한 정원

주인의 손길이 섬세하게 묻어 있는
북한강 근처 은밀한 정원에 앉아 있었어.
담배 몇 개피 연속으로 태웠어.
꽁초 버리기가 민망해 그냥 주머니에 넣었지.
실비가 내리고
난 빈 파라솔 의자에 앉아 있었어.
옆자리에 익숙한 적막이 슬그머니 다가와
내 옆모습을 훔쳐보고 있었어.
눈에 익었지만 이름이 기억이 나지 않는
꽃 무더기도 비에 젖고 있었어.
능선은 는개에 가려 보이지 않았어.
안면만 있는 사람이 수상한 듯 쳐다보고 지나갔어.
편의점에서 사온 커피를 홀짝이며
빗속에 휑하니 서 있는 은색 자동차를 보고 있었어.
한 일도 없는데 몸이 무거웠어.

오늘도 어김없이
북한강 근처 텅 빈 정원에서

비와 적막과 얼굴을 내밀지 않는 산등성이와
식은 커피 몇 모금, 담배만 태우다 왔어.

사실은

아주, 잠깐, 숲길을 걸었어
숲길 모서리에 서서 오줌을 누었어
산제비 한 마리 느리게 날며
나를 훔쳐보았어
도라지꽃이 수줍게 고개를 돌렸어
숲 사이 햇살 두어 줄기
얼굴에 닿았다 스러지곤 했어

숲 속으로 바람이 불어왔는지
불지 않았는지
구름이 왔다 갔는지
잘 모르겠어

제대로 아는 것이 하나도 없다는 것만
아는 건 아닐까*

아주, 잠깐, 숲길을 걸었는지
아주 가까이 강이 있었는지

햇살 몇 줄기 내 얼굴에 떨어졌는지
도라지꽃이 정말 수줍어했는지
사실은 모르겠어
몸이 무거워 느리게 걷는 나를
산제비가 보았는지도.

---

*데카르트.

오후의 시

낙엽송 사이로 오후 다섯 시
햇살이 성큼성큼 걸어와 말을 걸었습니다.
난 햇살의 언어를 배우지 못해
무슨 말인지 잘 모르겠다고
한국어로 대답했습니다.
그래도 다 알아 듣는 것 같았습니다.
따갑게 내 뺨을 때리다가는
부드럽게 어루만져 주었습니다.
아직 잎도 돋지 않은 낙엽송
늘씬한 허리를 스치며
조용히 긴 그림자를 남겼습니다.
난 햇살의 꼬리라도 잡으려고
몸을 일으켰지만
힐끗 힐끗 뒤돌아 볼 뿐 햇살은
산 너머로 홍건하게 취해 건너가고 있었습니다.

갑자기 술 한잔 마시고 싶었습니다.

지워지는 것들

산책길의 간이 찻집
화장실은 없고
그저 두 세 사람 앉으면 꽉 차는 곳
목말라 슬그머니 문 열고 들어서서
차 한잔 마시고 나오면 그뿐
기억의 언저리에서 조차
지워지는 곳
갑자기 그곳이 그립다

아, 그동안 나는
너무 많은 기억에 짓눌려
무릎관절이 망가졌구나!

대중가요

귀가 어두워지면서
강은 안 보이고
환청으로 들리는 강의 숨소리
멀리서 보아야 보이는 강
눈이 흐려지면서
강 저 끝자락은 초현실주의
풍경으로 놓이고
시선의 한계에 슬그머니 자리 잡는
안개. 물안개.

당신은 안개.

흘러간 대중가요 속의 여자
혹은 선글라스와 황사마스크를 쓴
낡은 시 한 편이

안개 속으로 걸어간다.

태풍

숲이 운다, 온몸 뒤틀며
비를 털어낸다
숲의 머리칼이 어두운 하늘을 향해
흩어지고, 지지직거리는 휴대폰 저쪽
소리가 끊겼다 이어지며
'당신이 밟는 곳마다 폐허'
라는 문자를 보내왔다

숲이 운다, 망연자실한 사람들의 눈빛과
내장을 드러낸 집들 사이에
망가진 시간들이 너부러졌다

나는 어렵게 몸을 움직여
망가진 시간들을 주워 자루에 담았다

아직 살아있었구나!

은자隱者의 기타

오래 수련과 수행 끝에
그가 들고 나온 기타는
깨달은 자의 뒷모습처럼 느리게 울렸다.
사람들은 그의 손가락을 따라
거짓말처럼 울려 나오는 소리에
매몰되어 갔다.

단 한 번의 무대 연주,
그는 다시 세상에 나오지 않았다.

소문에 의하면 그는
북한강 근처에서 밥집을 하며 산다고 한다.
그리고 새벽이면 혼자 일어나
수행하듯 기타를 연습한다고 한다.

풍경風磬

며칠
산사山寺에서
반가부좌로 머물렀다

육신을 지니고 사는 동안엔
몸의 길을 열어주라고
바람에 온몸을 여는 풍경의
법문만 들었다
무릎과 다리와 허리가 아팠다

부처님은 끝내 뵙지 못하고
풍경소리 몇 조각 주머니에 넣고
산사를 내려왔다.

제 9 부

전원이 꺼져 있습니다

왜냐하면

압축은 튀어 오르는 힘을 계산하여
가두어두는 것.

요즘은 시를 써도 산문을 써도
자꾸 풀어진다.

행간 사이 은밀하게 숨 쉬는 것들,
당신에게만 읽히고 싶은 것들이
풀어지는 이유는
풀어진 문장 속에도
은밀히 숨어있는 압축을 믿기 때문일까.
허나, 당신이 읽어주면 고맙고,
읽어주지 않아도 고맙다.

왜냐하면:
'돈' 이라는 단일 종교로 개종 통합된
시대를 건너가면서
밥이 되지 않아도

반찬이 되지 않아도
내가 즐겨 피는 담배가 되지 않아도
쓰고 싶고,
아직 쓰고 있다는 것.

영화관에서

영화 속의 남자는
정말 살고 싶지 않았을까
죽음을 향해 질주하는 자동차 속에서
화장장까지 계산했을까
사내의 자동차가 장쾌하게 폭발하는 장면 위로
출연진의 이름이 서서히 올라오고
폭발음 대신 어두운 현을 긁어대는
콘트라베이스.

한 암울하고 운이 없는 남자의 죽음
한 어둡고 쓸쓸한 여자의 죽음으로
관객을 모으고 팝콘을 팔고
콜라 혹은 커피를 종이컵에 담아 파는
대형 백화점 맨 위층의 영화관
담배라도 피울라치면 다시
일층 현관으로 내려와야 했다.

어디로 올라가든 반드시
내려와야 한다.

입산금지

입산금지라는 팻말 너머
나는 들어섰지.
등산로가 없다는 말은
거짓말
아름다운 숲길이 숨어 있었네.

세상의 모든 금지구역엔
어김없이
위험한 보물이 숨겨져 있다네.

외출

그의 어깨가 부쩍 늙어 보였다.
11월 안개 새벽
그는 안개에 스며들고
그의 방 구석구석 그의 흔적을 지우며
꽃병과 화분이 놓였다.

새벽 불현듯 잠이 깨거나
안개 내리는 날엔
외출하던 그의 왜소한 어깨가 보이고
잘 웃지 않던 그의
시집 한 권 눈에 들어오리라.

만약 당신이 그 시집의 먼지를
털어낸다면, 그럴 확률은 거의 없지만,
당신의 시가 적혀있을 것이다.
그는 당신을 살았으므로.
당신은 결코 그를 살아내지 못했지.
그와 마시던 커피에

식은 공허 한 스푼 저으며
당신도 당신을 살지 못했다고 자위할까.

옷장을 정리하다 무심코 찾아낸
유행 지난 외투처럼
평생 할부로 살다 간 그의 길목이 보이는
11월. 안개. 새벽.
그리고 거짓말 같은 그의 외출!

팥배나무

북한산 능선을 향해 힘겹게 오르다 보면
간혹 이름표를 달고
유치원생처럼 자신을 소개하고 있는 나무들.
오늘은 눈 속에 서 있는 이름을 보았다.
나무가 성이고 이름이 팥배인
서양식 이름.

난생 처음 아이젠을 착용하고
오른 겨울 산은 자꾸 날 밀어내었다.
얼른 내려가 상처나 받고 살지
왜 건방지게 여기까지 기웃거리냐고
팥배씨가 나무랐다.

깜짝 놀라 엉덩방아를 네 번이나 찍고
풀이 죽어 내려왔다.

전원이 꺼져 있습니다

전원이 꺼져 있습니다.
다신 연락하지 마소.
그동안 즐겁기도 하고
머리에 쥐가 나기도 했지요.

이대로 잊어주소.
차마 말로 할 순 없어
내 몸의 전원을 꺼 버렸습니다.

묵념默念

대설주의보가 발령된
여긴 영동지방,
열흘째 눈만 내리고
눈 색깔을 수십 가지로 구분한다는
에스키모인을 닮은 이들이
구명조끼 같은 옷을 입고
며칠째 눈만 치우는
여긴 강릉, 속초, 대관령,

소파에 비스듬히 앉아
티브이 채널만 돌리고 있어도 되는 것인지
잠옷차림으로 건방지게
커피만 마셔도 되는 것인지

채널을 돌리면
아프리카 땡볕에 병들어 죽어 가는
아이의 슬픈 눈동자에 대한 모금 광고
한 통화에 2만원

전화를 해야 하는지 말아야 하는지
왜 이북의 꽃제비에 대한 모금 광고는 없는지
식사시간마다 내 식탁을 기웃거리며
간절한 눈빛의 강아지에게
음식을 남겨줘야 하는지
말아야 하는지

내 허락도 없이 무시로 내 속을 들락거리는 것들에
대한
묵념!

치과齒科

수시로 잃어버리는 지갑
어디다 떨어뜨렸는지
소식 감감한 자동차 키
낚시 중 물에 빠뜨리곤 했던 휴대폰
가진 게 너무 많았던 게야
그동안 잃어버린 우산은 몇 개나 될까
잃어버린 사람은?

이 악물고 버텨 온 육신이
요즘 치과를 제집처럼 들락거린다.

겨울 숲

기다림은 숲의 몫이 아니다
산새도 왔다 가고
다람쥐도 왔다 가고
난폭한 짐승들도 왔다 가지만
묵묵히 숲으로 살다
때가 되면 쓰러질 뿐
숲은 미리 근심하지 않는다*
구름도 왔다 가고
눈도 왔다 가고
달도 왔다 가고
별도 왔다 가고

당신도 추억처럼 슬그머니 다녀가지만

---

*조병화 시인의 〈나무〉에서.
나무는 미리 근심하지 않는다 / 때가 되면 쓰러질 뿐.

탈고

원고에서 벗어난다는 것은
고통에서 벗어난다는 것과
같은 말은 물론 아니야
글을 마무리한다는 것은
고통을 마무리한다는 것과
같은 말이 아니지
하지만 오늘은 왜
자꾸 탈고가 脫苦로 들리는지
脫稿란 볏집을 털어낸 알곡이란 뜻
고통도 마구 털어주면
통증은 증발하고
살아온 흔적만 남을까

마구 두들겨 패고 싶은
생이라는 집착, 혹은 상처!

後記

서로 다르다는 것이 같지 않겠느냐고 난 이십 대에 썼다.
서로 달라야 미워하고 사랑하는 맛이 나지 않겠느냐고 난 삼십 대에 썼다.
그래도 혹시 정말 같거나 닮은 데가 있을 거라고 난 사십대에 썼다.
사람은 변화하기가 거의 불가능하다고 난 오십 대에 썼다.
육십 대에 들어서자 세상이 단지 돈과 건강 염려증을 앓고 있다는
차마 쓰기 어려운 얘기들만 떠돌고 있다.
칠십 대엔 무얼 쓸 수 있을까 쓸 수 있기는 한 것일까.

시집을 묶을 때가 되었는데 자꾸 미루고 있었다. 게으르기 때문이라기보다 번거로움이 싫었기 때문이다. 그동안 써놓았거나 발표한 시들을 다시 읽고 싶지 않았기 때문이기도 하다. 필자도 이러니, 독자들에겐 얼마나 부담스러운 일일까. 사실은 독자도 몇

분 안 계시지만. 그래도 살아온 흔적처럼 주기적으로 시집을 묶는다. 별 내놓을 명함이 없어 명함 만들듯 주소와 전화번호 그리고 별 볼 일 없는 이력들을 나열하고 나면 좀 덜 외로울까 하는 기대감. 아무래도 육신을 지니고 있는 동안 버리기 어려운 습성일듯하다.

이번 시집에도 해설을 붙이지 않았다.

해설이 필요할 만큼 난해하거나 훌륭하지 않기 때문이다.

21년 만에 이사한 서재에서 김민홍 절

김민홍 제5시집

김 쓸 생

인쇄 2015년 09월 21일
발행 2015년 09월 25일

지은이 김민홍
발행인 서정환
펴낸곳 신아출판사
주소 전북 전주시 완산구 공북 1길 16(태평동)
전화 (063) 275-4000, 252-5633
팩스 (063) 274-3131
이메일 sina321@hanmail.net
출판등록 제465-1984-000004호
인쇄 · 제본 신아출판사

ISBN 979-11-5605-263-0 03810
값 10,000 원

「이 도서의 국립중앙도서관 출판예정도서목록(CIP)은 서지정보유통지원시스템 홈페이지(http://seoji.nl.go.kr)와 국가자료공동목록시스템(http://www.nl.go.kr/kolisnet)에서 이용하실 수 있습니다.(CIP제어번호: CIP2015025804)」

Printed in KOREA